DOCTRINES

DES

CONSERVATEURS

EN

MATIÈRE D'ÉLECTIONS

DEUXIÈME SÉRIE

PAR

MAXIME LEGRAND

PARIS

IMPRIMERIE DE JOUAUST

RUE SAINT-HONORÉ, 338

1877

AVERTISSEMENT

Nous avons promis de continuer et nous continuons la publication des opinions, documents et décisions de l'Assemblée natonale de 1871, qui forment une jurisprudence électorale, dont, à notre sens et de l'avis des meilleurs esprits, la Chambre des députés ne peut pas se départir.

LA CANDIDATURE OFFICIELLE

« Le Gouvernement est chargé de présider aux
« opérations du Suffrage Universel. Cette haute
« fonction s'impose à sa vigilance comme à sa
« fidélité. Il doit aux citoyens l'exercice du droit
« que leur confèrent la capacité électorale et la
« dignité d'hommes libres. Les fonctionnaires

« ont l'obligation de favoriser les franchises de
« presse et de tribune qui, par la volonté cons-
« tante et réfléchie du législateur, font partie in-
« tégrante de l'œuvre électorale. Il appartient
« aux représentants de l'Etat de recevoir les
« votes et d'en proclamer le résultat. Le Gouver-
« nement est ainsi le promoteur, le protecteur et
« l'arbitre du suffrage universel. Une telle
« charge, un si grand honneur, une pareille con-
« fiance impliquent une austérité rigoureuse, une
« entière impartialité, un désintéressement ab-
« solu. Si, au contraire, les mêmes hommes qui
« écrivent les listes, ouvrent les collèges, tien-
« nent les urnes, comptent les bulletins, si ces
« hommes égarés par une fausse politique et
« d'injustes prétentions, veulent obtenir pour eux
« ou leurs partisans, du suffrage confié à leur
« garde, des avantages, des honneurs, des ri-
« chesses, que devient alors dans ces mains fré-
« missantes la sureté du vote? Ou est la garantie
« de l'électeur? Le suffrage universel, expression
« de la Conscience Nationale, se trouve donc à la
« merci de ses gardiens et de ses dépositaires,
« de leur ambition et de leur cupidité !

« Mais il nous plaît de croire que la vertu des
« agents préposés à la manipulation des urnes
« est assez forte pour résister à d'irrésistibles
« tentations. Nous voulons tenir ces hommes
« pour honnêtes, scrupuleux, délicats. La fraude
« ne sera pas commise. Le suffrage universel
« échappe au crime et demeure intact. Hélas ! il
« importe peu que le compte matériel des votes
« tombant dans l'urne, soit exactement rendu au
« au peuple, si le peuple a précédemment plié
« sous la pression administrative, si la terreur et
« la séduction ont eu raison de son courage. Et
« peut-il en être autrement lorsque le Gouverne-
« ment présente lui-même aux Comices ses can-
« didats favoris, comme les Empereurs romains
« descendaient au Forum tenant par la main les
« élus du Sérail, aussitôt acclamés par la plèbe.
« Le formidable appareil de la puissance mili-
« taire, le souvenir des proscriptions sanglantes,
« la mémoire des déportations meurtrières,
« l'effroi d'une répression vengeant un vote hos-
« tile, ont incliné tout d'abord les esprits vers
« la prudence. On les achève par la faveur
« des travaux publics, l'épanchement opportun

« des richesses du Trésor, les dispositions admi-
« nistratives qui ruinent une contrée ou l'arra-
« chent à la misère. L'électeur pauvre, le paysan
« timide peuvent-ils affronter le danger et refuser
« des bienfaits, dédaigner la fortune du hameau
« et se dévouer à d'implacables vengeances ?
« Voici cependant un caractère altier qui méprise
« l'aumône et se rit des menaces. Tout à l'heure
« la poignante pensée de sa famille et de sa
« parenté compromises pour l'égoïste plaisir d'un
« vote indépendant abattra sa fierté. Partout le
« plus hardi, mesurant sa faiblesse et la puis-
« sance du Gouvernement, refoule en son âme la
« légitime expression de son jugement, de son
« droit et de sa volonté.

« Ces craintes sont-elles chimériques ? C'est
« assez qu'on les puisse énoncer pour qu'elles ne
« le soient pas. Il suffit que l'Etat, c'est-à-dire la
« Force, se déclare engagé dans la lutte pour
« qu'on tremble devant lui. La vérité est qu'on a
« peur et on a raison d'avoir peur. Arrêtons-nous
« toutefois. Ecartons l'hypothèse d'une pression
« illégale et malveillante. Supposons le vote libre
« comme l'urne inviolable. Vainement le Gou-

« vernement se fait justice en n'usant pas de ses
« avantages. S'il persiste dans son intervention
« électorale, le suffrage n'est plus contraint et
« perverti, mais il demeure faussé dans son prin-
« cipe, altéré dans son essence, détourné dans
« son application. Des candidats qui briguent
« nos suffrages, les uns sont déclarés favoris de
« la Puissance Nationale ; le reste est dénoncé
« comme ennemi de l'Etat, adversaire de l'ordre
« établi, suspect de projets subversifs. Ainsi
« l'Eglise prononçait l'excommunication majeure
« et le retranchement social contre quiconque
« avait une autre manière de penser que les doc-
« teurs en droit canon. En présence de ces com-
« pétiteurs inégaux la conscience de l'électeur
« se trouble. Il ne s'agit plus de rechercher
« quelles idées, quels intérêts divers représen-
« tent ces hommes proposés à son suffrage ? Non.
« Voter pour le candidat proscrit, c'est voter
« contre le Gouvernement. Nommer l'Opposition
« c'est destituer l'Etat. Il faut choisir entre l'Or-
« dre et la Révolution. Du bulletin rebelle sorti-
« raient peut-être le conflit, la révolte, l'anar-
« chie, le néant, la fin de la France ! Tout

« citoyen est mis en demeure de faire litière de
« ses intérêts les plus légitimes, de ses vœux les
« plus chers, de ses aspirations les plus hautes,
« pour ne considérer qu'un seul objet, le main-
« tien ou le renversement du Pouvoir. Ainsi
« diverti de toute autre préoccupation, limité
« dans son choix, acculé dans une impasse, l'élec-
« teur laisse tomber un bulletin qui est une carte
« forcée. Sous de vaines apparences, la Nation a
« perdu, je ne dirai pas sa Liberté, puisque ce
« vocable choque encore de trop chastes oreilles,
« mais son libre arbitre. La France est véritable-
« ment esclave en paraissant souveraine. L'uni-
« que faculté qu'on entend lui laisser, consiste à
« confirmer ses oppresseurs. Si, nonobstant tant
« d'obstacles, et par un effort surhumain, la ma-
« jorité des citoyens ose émettre enfin un vote
« indépendant, on calcule effrontément le nom-
« bre des malheureux qui n'ont pu s'arracher du
« cercle infernal, et on trouve que c'est encore
« assez pour se moquer du reste. »

Contre cette humiliante, immorale, dangereuse
situation, les Conservateurs se sont élevés avec
une logique irréfutable, une éloquence irrésis-

tible dont nous n'avons pas, hélas! conservé la valeur et l'énergie dans ce résumé fidèle de leurs retentissantes protestations. Sous l'Empire et sous la République, avant 1870 et depuis cette époque, leurs publicistes et leurs orateurs (1) méritèrent les applaudissements de tous les honnêtes gens, de tous les hommes patriotes, en prononçant contre la candidature officielle de foudroyants anathèmes. On ne pouvait leur répondre et on n'a pas répondu lorsqu'ils s'écriaient avec une raison profonde : « Le Suffrage universel est « la seule base de l'Ordre social, l'unique fonde- « ment de toute légalité ! Il importe donc au salut « de la France qu'il reste intact, véridique et res- « pecté. Les candidatures officielles sont des can- « didatures fatales qui suppriment systémati- « quement la vérité sans laquelle toute société « manque de sa base nécessaire et croûle dans « l'abîme (2). »

(1) MM. le duc de Broglie, le duc Decazes, le vicomte de Meaux, de Fourtou, de Barante, de Larcy, Depeyre, Raoul Duval, Baragnon. J'en passe et des meilleurs. Ces éminents personnages ne renieront pas de glorieux souvenirs et ne démentiront pas la véracité de ces assertions.

(1) *Doctrines des conservateurs en matière d'élections*

Ce n'est pas devant l'Assemblée nationale de 1871 qu'on aurait osé défendre la doctrine contraire. L'imprudent qui l'eût fait, eût été, dans l'instant, flétri par Fourtou, châtié par Raoul Duval, anéanti par Baragnon. Ce n'est pas devant la majorité conservatrice de 1871 et 1872 qu'un captateur du suffrage universel aurait osé revendiquer le bénéfice de la candidature officielle. Il eut été sur l'heure expulsé comme indigne. Le seul soupçon d'avoir eu la faveur d'un représentant de l'Etat, la sympathie d'un maire nommé par le Gouvernement suffisaient pour faire casser l'élection. Deregnaucourt en fit la fâcheuse expérience.

Il est utile de le répéter. Ces doctrines et ces décisions émanant des législateurs des années 1871, 1872 et 1873, sont encore entières et si quelqu'un est aujourd'hui, par d'inavouables motifs, tenté de les renier, il doit auparavant méditer la foudroyante apostrophe de M. Depeyre.

1re série. — .Journal officiel. — Annales parlementaires. — Collections des journaux. — Chroniques et Proclamations électorales de 1869.

« Parmi les choses qui altèrent le sens politi-
« que et moral de notre pays, c'est cette promp-
« titude merveilleuse, ce sans-façon avec lequel,
« au lendemain d'une révolution, on voit des hom-
« mes que le flot des événements a portés au
« pouvoir, renier et fouler aux pieds, dans un
« misérable intérêt personnel, tous les princi-
« pes qu'ils défendaient la veille! » *(Bravos et applaudissements prolongés au centre et à droite.)*

MAXIME LEGRAND.

LE PAPIER BLANC

Séance du 15 juillet 1871

M. Lambrecht, *ministre de l'intérieur*.....
— Dans les derniers temps de l'Empire, les candidats avaient abandonné complétement la coutume de faire des affiches, quelles qu'elles fussent, sur papier blanc. C'est pourquoi je n'ai pas songé à introduire à cet égard une recommandation spéciale dans les instructions que j'ai adressées aux fonctionnaires départementaux pour leur prescrire la neutralité dans les luttes électorales. Mais, puisque l'occasion se présente, je crois qu'il est bon de le dire à cette tribune : il est interdit à tout le monde de publier des actes, de faire des affiches quelconques sur papier blanc. Par conséquent, ceux qui l'ont fait, d'un côté comme de l'autre, ont commis une contravention.

M. DE FOURTOU

Séance du 11 mars 1871

Annexe 54

Rapport sommaire fait par M. DE FOURTOU sur la proposition présentée par MM. Giraud, de Puiberneau, de Cornulier-Lucinière, Bourgeois, Vandier, de Fontaine, de la Bassetière, Godet, Ernoul, Lallié, général Du Temple, Gusman Serph, Paris, Vente, Donnet, de la Rochetalon, Louis de Saint-Pierre, Henri Fournier, tendant à modifier la loi électorale.

..... En créant des difficultés matérielles susceptibles d'entraver pour un grand nombre d'électeurs l'exercice de leur droit, en plaçant la population du chef-lieu dans une situation privilégiée, en rendant ainsi le collége électoral plus accessible aux uns qu'aux autres, ne blesse-t-on pas un principe évident d'équité et de justice? Au point de vue politique, n'est-il pas en contradiction manifeste avec l'esprit des institutions de la France? Car, ces institutions reposant sur la souveraineté nationale, dont le suffrage universel est l'expression, la logique des choses ne semble-t-elle pas conduire irrésistiblement à faciliter le plus possible à tous les électeurs le moyen de manifester leur libre volonté? — Le vote au canton, directement opposé à ce principe, ne paraît-il pas tendre au contraire, en provoquant les abstentions, à mutiler en quelque sorte le suffrage universel et à affaiblir, par suite, la force morale dont il est nécessaire que les résultats électoraux soient entourés?

Il est vrai qu'aux dernières élections ce vice du vote cantonal s'est moins accusé. Dans les circonstances que traversait le pays, le droit de voter s'est montré à nos intelligentes populations sous l'aspect d'un devoir si évident, si impérieux, si patriotique, que, dans beaucoup de départements tout au moins, elles sont venues avec un louable empressement donner à la représentation nationale, par leur nombre, la spontanéité de leurs suffrages, la plus grande autorité politique qu'elle ait jamais eue...

Votre commission, cependant, ne s'est pas dissimulé que le principe du vote au chef-lieu de la commune pourrait avoir de graves inconvénients dans son application à certaines communes d'une population électorale trop restreinte, en livrant l'électeur à des influences qui l'environnent de trop près. Mais elle n'avait point à aborder une question dont la place se trouvera naturellement dans l'étude de la loi électorale orgonique qui doit être l'une des plus grandes œuvres de cette Assemblée. Il conviendra alors, mais seulement alors, d'examiner s'il ne faudra pas laisser à certaines autorités électives du département, au conseil général surtout, le soin de grouper ensemble ou de réunir à d'autres plus importantes, pour les opérations électorales, un certain nombre de petites communes, dans l'intérêt de la liberté et de la sincérité du suffrage de leurs électeurs. Ce sont, en effet, la liberté et la sincérité des élections qui doivent être, en cette matière, le but suprême assigné à nos efforts.

Mais, en ce moment, et sous la réserve de toutes les améliorations à introduire dans la loi définitive, il a paru à votre commission convenable et opportun d'examiner s'il ne serait pas nécessaire de rétablir le vote au chef-lieu de la commune, et de répondre ainsi sans délai à l'une des aspirations les plus énergiques et les plus légitimes du pays, dont la pensée, sans commander jamais à nos délibérations, doit les inspirer toujours.

Séance du 25 mars 1871

Annexe 81

Rapport définitif sur la proposition précédente, par M. DE
FOURTOU.

..... Lorsque le suffrage universel fut établi
dans notre pays, toute une immense population
se trouva tout à coup appelée à la vie politique,
à laquelle elle était demeurée jusqu'alors étran-
gère. Si restrictive que fut alors, pour les électeurs des campagnes, la réglementation du droit
de suffrage, le fait seul de la proclamation de ce
droit était pour eux une véritable émancipation
et, pour le pays, un grand progrès politique et social accompli. Mais lorsque les populations ru-
rales ont participé pendant vingt ans à la vie
politique de la nation, lorsqu'elles ont concouru,
grâce aux facilités qui environnent l'exercice du
suffrage universel, à tout le mouvement politique
de leur temps, entraver aujourd'hui les manifes-
tations de ce même suffrage universel..., ce serait
faire un pas en arrière, ce serait amoindrir et
souvent annuler, pour le plus grand nombre, un

droit désormais consacré par une longue posses-
sion.

..... Le suffrage universel repose sur cette
idée qu'il appartient à chaque citoyen d'apporter
dans les affaires de son pays l'influence de ses
sentiments, de ses idées, de ses préférences, de
ses volontés. A raison même de l'idée égalitaire
qui forme la base du suffrage universel, il est
nécessaire que le collége électoral soit rendu
également accessible à tous les électeurs...

..... Lorsque l'égalité du droit entre tous les
électeurs est proclamée, il ne saurait être légitime de la faire disparaître subrepticement dans
une réglementation dont la rigueur étoufferait
chez la plupart le droit même dont ils sont in-
vestis.

..... Ce n'est pas à dire, pour cela, que le
principe du vote à la commune ne puisse, dans
l'avenir, recevoir quelques modifications. Votre
commission n'ignore pas qu'il peut présenter
quelques inconvénients dans certaines communes
d'une population électorale trop restreinte, en
abandonnant l'électeur aux influences qui l'environnent de trop près. Quelques-uns d'entre nous

ont pensé qu'il conviendra d'examiner, lors de la nouvelle loi électorale organique, qui doit être l'une des grandes œuvres de ce cette Assemblée, s'il ne faudra pas remettre aux conseils généraux le soin de grouper ensemble ou de réunir à d'autres plus importantes pour les opérations électorales certaines petites communes, dans l'intérêt de la liberté et de la sincérité du suffrage de leurs électeurs.

⌣⌣⌣⌣⌣

Séance du 10 avril 1871

M. Rolland..... Il nous avait paru... qu'il y avait avantage à ce que les sections électorales ne fussent pas tellement minimes qu'au lieu d'influences légitimes, il ne se produisît fatalement de ces pressions auxquelles il n'y a pas possibilité de résister.

En effet, Messieurs, permettez-moi d'invoquer le statistique. Elle vous dira qu'il y a en France 433 communes, inférieures à 75 habitants, dans lesquelles, par conséquent, le nombre des électeurs inscrits varie de 7 à 8 jusqu'à vingt.

Croyez-vous qu'il soit très-bon pour le suffrage universel, pour sa dignité, pour le respect que les électeurs se doivent à eux-mêmes, de constituer des bureaux électoraux là où il n'y a pas plus de 12 à 15 électeurs ?

..... Je vous dirai qu'il y a près de 500 communes qui sont dans une situation semblable.

Il y en a près de 3,000 qui n'ont pas 150 habitants et dans lesquelles, par conséquent, le nombre des électeurs ne s'élève pas jusqu'à 40. Il y en a près de 4,000 dans lesquelles il n'y a pas 250 habitants et qui, par conséquent, n'ont pas 100 électeurs !

Ce que nous avons en vue, Messieurs, c'est surtout une modification pour des communes aussi petites.

Séance du 25 janvier 1873

M. le marquis de Castellane..... Le suffrage universel est, par lui-même, un assez grand personnage pour qu'on lui rende tous les honneurs qui lui sont dus (*Rires ironiques à gauche. — Très-bien! très-bien à droite!*), et pour que l'on entoure les décisions prises à son égard de toute la prudence et de toutes les formalités que notre règlement exige pour les questions les plus simples.

..... Or, Messieurs, la loi électorale que nous avons à faire a une importance tout au moins égale, dans les circonstances actuelles, à ce qu'était en 1848 la Constitution. C'est la loi constitutionnelle par excellence, et le pays, à l'heure qu'il est, a les yeux fixés sur elle. Il en attend son salut.

Séance du 18 février 1873

M. Antonin Lefèvre-Pontalis, *rapporteur*..... Nous ne faisons pas une guerre au suffrage universel, nous ne lui portons aucune atteinte, au contraire, nous ne faisons que lui rendre hommage. (*Marques nombreuses d'approbation.*)

On nous a dit un jour, d'une façon arrogante, que le suffrage universel saurait bien reconnaître les siens. Eh bien, j'en accepte l'augure. Ceux que le suffrage universel reconnaîtra pour les siens, ce ne sont ni ceux qui pendant longtemps en ont fait un instrument de règne, ni ceux qui, pendant les longs mois d'angoisse de la patrie, l'ont mis en interdit. (*Très-bien ! très-bien ! à droite et au centre.*).....

..... Ceux que le suffrage universel reconnaîtra pour les siens, ce sont ceux qui, à peine arrivés sur les bancs de l'Assemblée nationale, ont voulu le rendre sincère en rétablissant le vote à la commune, et qui aujourd'hui poursuivent la même œuvre en voulant que la majorité absolue redevienne, sans plus de retard, la garantie de la sincérité du vote, afin de mettre le suffrage universel à l'abri des coups de surprise aussi bien que des coups de force et de violence (*Vives marques d'assentiment au centre et à droite. — Applaudissements prolongés.*)

Séance du 28 juin 1871

Annexe 360

Proposition de loi sur les élections, présentée par MM. Eugène Tallon et Henri Fournier.

..... A cette grande Assemblée revêtue des pouvoirs les plus étendus, investie de toute autorité par la confiance du pays, il appartient plus qu'à aucune autre d'affirmer les principes essentiels du droit électoral.......... de l'asseoir enfin sur des bases de liberté et de sincérité qui rendent à jamais immuable la souveraineté du suffrage universel...

..... Pleins de respect pour le droit du suffrage, nous voulons en assurer l'exercice dans la mesure la plus large et la plus libérale ; toute restriction à ce droit nous semble également incompatible avec la saine application des principes de liberté et ceux d'égalité entre les citoyens ; éclairez le suffrage par la féconde diffusion de l'instruction ; ouvrez-en le facile accès à toutes les intelligences...

..... Laisser au juge le soin de déclarer, dans chaque jugement, s'il entend ou non priver l'électeur de ses droits, c'est mettre celui-ci à la merci de l'arbitraire ou de la négligence. L'oubli ou le silence du magistrat pourraient devenir une pénalité contre les prévenus ; c'est inadmissible, c'est attentatoire à ce grand principe que tout jugement doit être le fruit d'une délibération réfléchie et d'une opinion motivée.

..... L'exercice du suffrage universel apprend chaque jour aux habitants des campagnes à se défendre contre les manœuvres administratives, dont les agents de la candidature officielle avaient si souvent abusé ; mais on ne pourrait, par le moyen proposé (par M. Jozon), ni éviter les surprises, ni prévenir les fraudes. Nous protégerions de préférence l'électeur en faisant disparaître certaines exigences sur le mode de depôt de son bulletin dans l'urne, en garantissant son indépendance par une composition plus libérale des bureaux, en lui offrant enfin des facilités plus larges de protestations contre les illégalités qui seraient commises.

..... Nous avons fixé à un mois, ce qui paraîtra

suffisant à tous les esprits sages, la période de libre production de tous les moyens de publicité électorale.

..... Nous avons considéré que le droit de réunion devait être affranchi de toute tutelle administrative et politique, et qu'il fallait laisser une facilité entière aux électeurs d'en user, à la seule condition que ces réunions se tiennent en lieu préalablement désigné à l'autorité par la déclaration de trois électeurs.

« Dans une cité bien conduite, a dit un émi-
« nent publiciste, chacun vote aux assemblées ;
« sous un mauvais gouvernement, nul n'aime
« à faire un pas pour s'y rendre, parce que nul
« ne prend intérêt à ce qui s'y fait, qu'on
« prévoit que la volonté générale n'y dominera
« pas... »
Aujourd'hui, où tout bon gouvernement doit s'édifier sur la volonté nationale, c'est l'heure de veiller avec sollicitude à ce que l'expression de cette volonté se manifeste par le concours de tous les efforts, de toutes les intelligences, de tous les intérêts.

..... Des mesures nouvelles ont pour objet de

rendre plus vigilants et plus scrupuleux dans la direction des opérations du suffrage les représentants de l'administration. Nous nous proposons d'éviter ainsi le retour des abus qui, dans un temps dont le triste souvenir ne saurait s'effacer de nos mémoires, furent une source continuelle de scandales publics et dont les excès, en grandissant, eussent fatalement entraîné, si la chute d'un pouvoir corrompu n'y eût mis un terme, la démoralisation même du suffrage universel.

Si nous avons cru devoir nous montrer soucieux d'assurer à l'électeur toutes les facilités désirables pour la libre expression de sa volonté, nous avons également voulu lui rendre plus accessibles et plus praticables les moyens de protester contre les diverses irrégularités qui auraient pu offenser le respect de la loi. C'est dans cette pensée que nous demandons la création d'un registre spécial où seraient consignées toutes les réclamations des électeurs; c'est dans le même but que nous frappons de l'application de certaines peines, pour les rappeler à la stricte exécution des lois, les administrateurs oublieux des obligations qu'elles leur imposent...

Les diverses mesures répressives que nous proposons, sans nous départir d'une juste modération, suffiront, nous en avons l'intime conviction, pour assurer une exactitude plus scrupuleuse dans l'observance des règles qui garantissent la sincérité des élections et susciteront également la vigilance de la justice dans le cas où l'on serait tenté de s'en écarter.

Séance du 15 juillet 1871

ANNEXE 392

Rapport sommaire fait au nom de la cinquième commission d'initiative parlementaire sur la proposition de loi de MM. Tallon et Fournier.

La loi électorale est la plus importante des lois politiques d'un pays libre. C'est par elle qu'on juge du progrès de la liberté et de l'éducation publique.

En face de la nécessité où nous sommes de réorganiser la France, il était naturel que l'on se préoccupât de résoudre les graves problèmes que le suffrage universel, dans sa manifestation, impose à tous les esprits.

..... Une nation comme la France doit être soucieuse de l'indifférence et de l'inertie des électeurs comme aussi de maintenir la complète liberté des abstentions volontaires et de la conscience.

..... Quand une nation a définitivement pris pour base du droit politique la souveraineté du peuple, c'est un devoir sacré pour ses représentants d'asseoir, sur des bases inébranlables de liberté et de sincérité, le suffrage universel.

(La proposition de MM. Tallon et Fournier est prise en considération par l'Assemblée et envoyée à la Commission électorale.)

Séance du 31 juillet 1871

Annexe 435

Proposition de loi par M. le baron de Jouvenel.

..... Puisque le suffrage universel est devenu la base du droit public en France, il importe, pour fortifier le principe d'autorité, de donner à ses décisions une puissance incontestable...

Il faut que le droit électoral ait une constitution rationnelle et logique; que son fonctionnement régulier, libéral et équitable, mette véritablement en relief toutes les volontés, tous les droits, toutes les solidarités intéressées à la bonne administration de la chose publique.

Si tous les droits n'étaient pas représentés, tous les devoirs de la loi ne seraient pas remplis.

PROPOSITION PHILIPPOTEAU

Séance du 14 novembre 1873

M. Philippoteau. — J'ai l'honneur de déposer sur le bureau de l'Assemblée nationale une proposition de loi ainsi conçue :

« Considérant que la controverse et les luttes
« de la vie politique sont incompatibles avec la
« discipline militaire et peuvent altérer les sen-
« timents de patriotique obéissance et d'union,
« qu'il est indispensable de conserver dans toute
« l'armée française ;

« L'Assemblée nationale décrète :

« A l'avenir, et jusqu'au vote d'une nouvelle
« loi électorale, aucun militaire ou marin appar-
« tenant au service actif dans les armées de terre
« ou de mer, quels que soient son grade ou ses
« fonctions, ne peut être élu membre de l'Assem-
« blée nationale. » (*Mouvement général. — Très-
bien ! très-bien ! à droite.*)

Voix à droite. — L'urgence ! L'urgence !

5495 — Paris, impr. Jouaust, rue Saint-Honoré, 333.